MEMORIAL TREE

木を植えよう

記念樹にふさわしい木とそのいわれ

記念日には、木を植えよう

いま、わたしたちは、
緑の大切さ、ありがたさを、
強く意識する時代に生きている。

夢も希望も、緑の中でこそ大きく育つ。
豊かな環境、明るい未来は、
一本の木を植えることから始まる。

記念日には、木を植えよう。
あなたが植える一本の木。それは、
根を張り、やがて空にそびえ、実を結んで、
そして、ふえていく。
永遠の記念に──。

MEMORIAL TREE
木を植えよう
記念樹にふさわしい木とそのいわれ

もくじ

新築・転居祝いには　　カキ　エンジュ・ヒイラギ・ナンテン・アジサイ ……………… 4

結婚祝いには　　ウメ　サルスベリ・ツツジ・ライラック・モモ ……………………… 6

結婚記念日には　　キンモクセイ　ネムノキ・ツバキ・サンショウ・ツツジ ………… 8

帯祝いには　　イチョウ　ザクロ・エンジュ・ナンテン・カキ ………………………… 10

誕生祝いには　　ナンテン　マツ・クス・キリ・ムラサキシキブ ……………………… 12

子供の成長を願うには　　コデマリ　モモ・シンジュ・クヌギ・ナンテン …………… 14

父や母への感謝には　　サツキ　ユズ・ウメ・ジンチョウゲ・アジサイ ……………… 16

願を立てたときには　　アスナロ　キンカン・バクチノキ・ナンテン・クチナシ …… 18

合格祝いには　　ヒノキ　コブシ・マツ・ニシキギ・ゲッケイジュ …………………… 20

巣立ちの記念には　　スギ　ハギ・ウメ・ヒメリンゴ・アジサイ ……………………… 22

婚約や友情の記念には　　クチナシ　バラ・コデマリ・シラカバ・アカシア ………… 24

退院・快気祝いには　　キンカン　ツバキ・アオキ・エンジュ・モモ ………………… 26

敬老や長寿祝いには　　マツ　グミ・サツキ・エンジュ・ナンテン …………………… 28

故人をしのぶには　　カエデ　ハギ・サザンカ・ジンチョウゲ・キンモクセイ ……… 30

成人の記念には　　ケヤキ　ヒノキ・マツ・モモ・ヒメリンゴ ………………………… 32

●マークが示す意味　🌼🌿🍅🌲 — 左から花・葉・実・姿を示す。
たのしみ　　　　　色がついているものが楽しめる。
🗾 — 植栽可能な地域を示す。
地域　　色がついているところが可能な地域。
🪴 — 鉢植え可能なもの。
鉢植え

卒業記念には　　ポプラ　サクラ・ハナミズキ・シンジュ・ニシキギ …………… 34

入学や入社の記念には　サクラ　マンサク・アベリア・イチョウ・アスナロ ……… 36

開業・開所祝いには　イチイ　センリョウ・マツ・ケヤキ・ヒノキ ……………… 38

開店祝いには　マンリョウ　カラタチバナ・アオキ・ツツジ・アセビ …………… 40

創立記念日には　ユズリハ　スギ・イチョウ・サクラ・ヒノキ …………………… 42

安全祈願には　ナナカマド　サンゴジュ・ヒイラギ・モモ・ナンテン …………… 44

豊作・大漁祈願には　マンサク　ザクロ・マンリョウ・クス・コブシ …………… 46

昇進・栄転祝いには　ニシキギ　エンジュ・キンカン・ツバキ・ネムノキ ……… 48

退職記念には　ハナミズキ　サザンカ・サツキ・ライラック・ユズリハ ………… 50

栄誉をたたえるには　ボタン　キンモクセイ・カイドウ・サクラ・キンカン …… 52

出版記念には　コブシ　ムラサキシキブ・マンサク・ヒメリンゴ・イチョウ …… 54

ホールインワンには　モクレン　カルミア・バクチノキ・ボタン・バラ ………… 56

優勝・勝利の記念には　ゲッケイジュ　イチイ・キンモクセイ・ヒノキ・サルスベリ … 58

さあ植えてみよう　　植樹の基礎知識 ……………………………………………… 60
　樹木の種類と選び方・植える時期・植える場所・苗木の選び方・
　鉢植えの植え方・庭植えの植え方・基本的な維持管理

さくいん ……………………………………………………………………………… 64

記念樹として考えられる樹木には、それぞれの目的によって、いろいろなものがあります。
この小冊子では、その中から比較的丈夫で、入手しやすい樹種を中心に選んでみました。

新築・転居祝いには

カキ
落葉広葉樹・高木・陽樹

たのしみ　地域

　カキの木は、家の玄関わきによく見かける。それは、カキが「お金をカキ集める」木といわれ、家の繁栄を願って植えられたからであろう。白い花、秋の実、それは日本の美しい四季を彩る原風景だ。カキの実は子供たちの好物だった。そんなカキだが、必ず木に数個残したものだ。野鳥のためにとりつくさない心やさしさがあった。実には、カロチンやビタミンCが豊富に含まれ、格好の健康食。家の繁栄と家族の健康を願って植えてみたい。

1、特徴
　開花期 5～6月、結実期 10～11月。家庭用に向く富有系の各品種などがある。

2、植えるときの注意
時期　11～12月・2～3月
場所　日なたであればよく育つが、実をたくさんつけるには耕土が深く肥沃な土がよい。

3、管理のポイント
　実を収穫するときに、枝を折ってとることが、せん定作業にもなる。寒肥を与えるとよい。

ヒイラギ

アジサイ

エンジュ

落葉広葉樹・高木・陽樹
開花期7～8月・結実期9～10月
植える時期11～12月・2～3月

たのしみ　地域

中国では、この木を庭に植えると幸福を呼ぶといわれる。丈夫で手入れいらず。つぼみは高血圧の薬、あるいは草木染めに用いられる。

ヒイラギ

常緑広葉樹・小高木・中庸樹・雌雄異株
開花期10～11月・結実期翌7月
植える時期3～4月・6月・9月

たのしみ　地域

葉に鋭いとげがあるため、古来、生け垣として外敵防御に植えられた。それが、節分のヒイラギとイワシの頭による、鬼除けの縁起に発展。西洋でクリスマスに戸口に飾るのは別種のヒイラギモチだが、トゲがあるので同様に魔除けに用いられる。

ナンテン

常緑広葉樹・低木・中庸樹～陰樹
開花期6月・結実期11～2月
植える時期3～4月・10～11月

たのしみ　鉢植え　地域

ナンテンは、その音が「難を転ずる」に通じるので、昔から厄除けとして玄関先や戸口に植えられてきた。祝いごと、願いごとでさまざまに用いるこの木を、幸せな家庭のシンボルとして植えたい。

アジサイ

落葉広葉樹・低木・中庸樹～陰樹
開花期6～7月
植える時期11～12月・2～3月

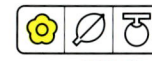

たのしみ　鉢植え　地域

アジサイの語源は「青い花が集まり咲く」だという。一家だんらん、家族の結びつきを象徴する花。花の色は、酸性土では青みが、アルカリ性が強いと紅色が増すといわれる。

5

結婚祝いには

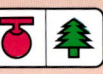

ウメ
落葉広葉樹・小高木・陽樹

たのしみ　鉢植え　地域

　松竹梅に数えられる、めでたい樹木の代表で、結婚の記念植樹には最適の縁起木。万葉集ではサクラをしのいで多く詠まれている。厳しい冬に耐えてまっ先に咲き始め、しかも誇らぬ花容（かよう）と香りが、春ごとに人の心を打つ。実を梅干しにすれば何年でも腐らぬ持久力を発揮するなど、情緒と実利の両面で、日本人の心をとらえて離さない。黒ずんだ老梅の枝に咲く清楚（せいそ）な花は、日本画の変わらぬテーマでもある。

1、特徴
　開花期2～3月、結実期6～7月。生長はおそい。紅色の花を楽しむコウバイや、花も実も楽しむブンゴウメやシラカガなどの品種がある。

2、植えるときの注意
　時期　11～12月・2～3月
　場所　日当たりがよく、適湿で排水のよい所を選び、土には有機質の肥料を豊富に与える。

3、管理のポイント
　花や実をよくつけるには、新しく伸びた徒長枝のせん定を夏と冬に行い、どの枝にも日光がよく当たるようにする。

ライラック

サルスベリ

サルスベリ

落葉広葉樹・高木・陽樹
開花期7〜10月・結実期11月
植える時期11〜12月・2〜3月

たのしみ　　　　地域

　真夏の太陽の下でも、百日以上にわたって咲き続ける強い生命力は、昔から驚異とされ、「百日紅(ひゃくじつこう)」の別名を与えられた。幸せが長く続くことを象徴して、結婚の祝いに。

ツツジ

常緑／落葉広葉樹・低木・陽樹
開花期4〜5月・結実期10月
植える時期　夏と冬を除く年間(常緑)／
　　　　　　11〜12月・2〜3月(落葉)

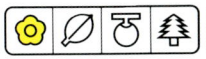

たのしみ　　鉢植え　地域

　語源が「続き咲き木」であるといわれるように、花が次々に咲くので、これも結婚祝いに適する。普通は低木だが、まれに小高木になるので、適地を選んで大きくしてみるのも楽しい。

ライラック

落葉広葉樹・低木・陽樹
開花期4〜5月・結実期9〜10月
植える時期11〜12月・2〜3月

たのしみ　　　　地域

　花言葉が「初恋の感動」だから、初恋を実らせたカップルの結婚祝いに最適。「ライラック」は英名、フランス名では「リラ」、そして日本名では「ムラサキハシドイ」。コーカサスあたりが原産でヨーロッパ経由で日本へ。

モモ

落葉広葉樹・小高木・陽樹
開花期3〜4月・結実期6月
植える時期11〜12月・2〜3月

たのしみ　　　　地域

　古事記、日本書紀にもしばしば登場する魔除けの植物。「桃太郎」の話にもその霊力が隠されている。中国では長生不老の果実という。魔除(よ)けと不老長寿の願いをこめて、結婚祝いに。

結婚記念日には

キンモクセイ

常緑広葉樹・小高木・中庸樹・雌雄異株

たのしみ　地域

　秋の彼岸を過ぎるころに開花し、ふくいくたる香りを放つことであまりにも有名。中国ではその香りが遠くまで届くことから「七里香」とも呼ぶ。暑からず寒からずの最もよい季節に香りを放って咲き、しかもキンモクセイ、ギンモクセイと金銀がそろっていることから、人生最良の年代を迎える銀婚式、金婚式の記念日にはぜひ植えたい。

1、特徴
開花期9～10月。結実期翌5月。実は雌株につく。黄色い花のキンモクセイのほかに白い花のギンモクセイもある。

2、植えるときの注意
時期　3月・6月・9月
場所　適湿の半日陰で強風の当たらない場所を選ぶ。

3、管理のポイント
強いせん定にも耐える。冬季に鶏ふんや堆肥を与えると花がよくつく。

サンショウ

ツツジ

ネムノキ

落葉広葉樹・高木・陽樹
開花期6〜7月・結実期9〜11月
植える時期11〜12月・3〜4月

たのしみ　地域

夕方になると葉を閉じて眠りにつくことから、夫婦の共寝や歓びを共にすることを表意して、漢字では「合歓（ねむ）の木」と書く。これを庭に植えると怒りを忘れるというから、夫婦和合の記念樹にふさわしい。

ツバキ

常緑広葉樹・小高木〜高木・中庸樹
開花期2〜4月・結実期10〜11月
植える時期3〜4月・6・9月

たのしみ　鉢植え　地域

葉の美しい光沢から「艶葉木（つやばき）」がツバキの語源。江戸時代から園芸種として500品種以上が栽培されていたという花木の王者。寒中にも濃緑の葉を茂らせ不屈の生命力を示す。記念樹にふさわしい。

サンショウ

落葉広葉樹・低木・中庸樹・雌雄異株
開花期4〜5月・結実期10月
植える時期11〜12月・2〜3月

たのしみ　鉢植え　地域

サンショウの木の芽とタケノコとわかめとが同時に旬（しゅん）を迎えて、それを一鉢の煮物に盛る晩春の喜びは格別。夫婦中心の食卓にそうした喜びを呼ぶために、これを記念樹にするのも一案。

ツツジ

常緑／落葉広葉樹・低木・陽樹
開花期4〜5月・結実期10月
植える時期　夏と冬を除く年間（常緑）／
　　　　　　11〜12月・2〜3月（落葉）

たのしみ　鉢植え　地域

「続き咲き」することから名がついたこの木は、結婚記念日の植樹にもふさわしい。花言葉は「愛の喜び」。

9

帯祝いには

イチョウ

落葉樹・高木・陽樹・雌雄異株

たのしみ　地域

老木になると「乳柱」と呼ばれる気根を生じるものがあり、古来、「乳の神」として、そうした巨木をまつり、母乳が豊かに出ることを祈った。わが国では木に木霊(こだま)を感じるこのような樹霊信仰が各地で見られた。その伝統を継ぐ意味でも、また、イチョウの旺盛(おうせい)な萌芽(ほうが)力に重ねて、元気な赤ちゃんの誕生を願うには最適。秋の鮮やかな黄葉は周囲を明るくするし、実のギンナンは栄養価の高いことでも有名。

1、特徴
開花期4月、結実期10月。実は雌株につく。生長は早い。品種にはフイリイチョウなどがある。

2、植えるときの注意
時期　11～12月・2～3月
場所　日なたで土層が厚く水はけのよい場所を選ぶ。

3、管理のポイント
自然に樹形が整うのでせん定の必要はほとんどない。寒肥を与えるとよい。

ザクロ

エンジュ

ザクロ

落葉広葉樹・高木・陽樹
開花期6〜7月・結実期10〜11月
植える時期11〜12月・2〜3月

たのしみ　地域

　この木を庭に植えると賢い子が生まれると言い伝えられている。また、果実中に種子が多いことから、多くの国で子孫繁栄のシンボルとされてきた。

エンジュ

落葉広葉樹・高木・陽樹
開花期7〜8月・結実期9〜10月
植える時期11〜12月・2〜3月

たのしみ　地域

　福岡県粕屋郡宇美町の宇美八幡の境内には、神宮皇后がこの木にすがって安産されたという「子安の木」と呼ばれる神木があり、安産の守り神になっている。

ナンテン

常緑広葉樹・低木・中庸樹〜陰樹
開花期6月・結実期11〜2月
植える時期3〜4月・10〜11月

たのしみ　鉢植え　地域

　「難産を転じて安産」にする意味で、帯祝いにもぴったり。昔はこの枝を産室に敷いて、安産の守りとする風習もあった。

カキ

落葉広葉樹・高木・陽樹
開花期5〜6月・結実期10〜11月
植える時期11〜12月・2〜3月

たのしみ　地域

　柿本人麻呂が種をまいたといわれる、明石の柿本神社の神木のカキは、その実を懐中にすると安産まちがいなしとか。カキもまた帯祝いにふさわしい。

11

誕生祝いには

ナンテン
常緑広葉樹・低木・中庸樹〜陰樹

たのしみ　鉢植え　地域

　ナンテンは名前が「難を転ずる」に通じるので、縁起がよいものとされ、あらゆる祝いごとや願いごとに用いられてきた。子供の誕生には赤飯を炊き、ナンテンの葉を添えて祝い、そして食い初めにはナンテンの箸(はし)を用いる。白い雪の中で真紅の実をつける、けなげな姿から、わが子が幸せでたくましく育つことを願うにふさわしい。

1、特徴
　開花期6月、結実期11〜2月。白い実をつけるシロミナンテンなどもある。

2、植えるときの注意
　時期　3〜4月・10〜11月
　場所　西日の当たらない場所がよい。乾燥は禁物。植える前に堆肥や腐葉土を与える。

3、管理のポイント
　比較的丈夫で病虫害は少ない。

クロマツ

キリ

マツ	常緑針葉樹・高木・陽樹 開花期4〜5月・結実期翌10〜11月 植える時期2〜4月

　　松竹梅に挙げられる縁起木。荒磯の岩にもしっかりと根を下ろす姿には、強い生命力がみなぎる。また、すくすくと天を突いて伸びる鮮緑色の新芽は、子供のすこやかな成長と長命を祈るにもふさわしい。

クス	常緑広葉樹・高木・陽樹 開花期5〜6月・結実期11〜12月 植える時期3〜5月

　　枝を切ってもすぐ伸びる生命力から、男の子の守護木として植えられてきた。明るい浅緑の葉の茂りは、いかにも元気で明るく伸びやかな男の子を思わせる。男児の誕生祝いに植えたい。

キリ	落葉広葉樹・高木・陽樹 開花期5〜6月・結実期10〜11月 植える時期11〜12月・2〜3月

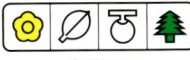

　　昔から、女の子が生まれるとキリを植え、嫁入り時にこれを切ってタンスをつくりもたせた。それほどに生長が早い。また、これでつくった家具は、火に強く中の衣装を守る。女の子の誕生祝いに。

ムラサキシキブ	落葉広葉樹・低木・中庸樹 開花期6〜7月・結実期10〜11月 植える時期11〜12月・2〜3月

　　秋に紫色の可憐（かれん）な実をつける。その美しさと色から平安の才女、紫式部の名がつけられた。別名「才媛（さいえん）」ともいい、賢い女の子に育つようにとの意味をこめて植えたい。

13

子供の成長を願うには

コデマリ

落葉広葉樹・低木・陽樹

たのしみ　鉢植え　地域

　晩春から初夏の風薫る季節に、まっ白い可憐（かれん）な花を、小さな手まりのようにつけるのでこの名がついた。江戸初期の園芸本に「小手毬」と記載されているので、古くから日本人に愛されてきたことは確かだが、原産は中国。土地を選ばず、よく生育し、無数の小花をつけるそのけなげさから、子供の将来がすこやかで、無数の喜びにめぐりあうことを願って、七五三などにこの花木を植える。

1、特徴
　開花期4～5月、結実期9～10月。生長は早い。

2、植えるときの注意
時期　3月・9～12月
場所　特に土質は選ばないが、よく花をつけるためには、適湿で日当たりのよい場所を選ぶ。

3、管理のポイント
　大きくなり過ぎた場合は、花が咲いた後に、伸び過ぎた枝を切り詰めて整える。

クヌギ

モモ

モモ

落葉広葉樹・小高木・陽樹
開花期3〜4月・結実期6月
植える時期11〜12月・2〜3月

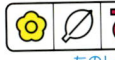

桃太郎の話に秘められた、モモの魔除けの霊力もさることながら、ひな祭りを「桃の節句」というように、モモは女児とさらに縁が深い。美しい花と、薫り高くまろやかな実を思って植えれば楽しい。

シンジュ

落葉広葉樹・高木・陽樹・雌雄異株
開花期6月・結実期10月
植える時期11〜12月・2〜3月

「神樹(しんじゅ)」は英語名「tree of heaven（天国の木）」の意訳だが、渡来は明治時代に中国から。天まで届けの願いをこめて七五三に。

クヌギ

落葉広葉樹・高木・陽樹
開花期4〜5月・結実期翌10月
植える時期11〜12月・2〜3月

ドングリをつける木の代表。その多産で保存のきく実をアク抜きして、縄文期の日本人は主食とした。忘れてはならない先人たちの愛した木。古名「つるばみ」は「つぶらな実」から出たともいわれる。

ナンテン

常緑広葉樹・低木・中庸樹〜陰樹
開花期6月・結実期11〜2月
植える時期3〜4月・10〜11月

多くの祝いごとに登場する縁起のよい木である。その中には、赤飯の上に葉をのせて、子供の無事な成長を願う風習もある。困難があっても難を転じる心意気で。

15

父や母への感謝には

お母さん ありがとう

サツキ
常緑広葉樹・低木・陽樹〜中庸樹

たのしみ　鉢植え　地域

　五月雨、早苗、五月晴。日本の自然が輝くように活力を増す季節。その季節の明るさを、さらに明るくしようとでもいうように、いっぱいに花弁を広げる。自分の美しさを知らずに働く律義者を思わせる。野生種は河岸の岩地などに自生していたが、愛されて普及し盆栽にまで。そのような思いをこめて、父や母への感謝のしるしとして。

1、特徴
　開花期5〜6月、結実期10〜11月。盆栽用の品種が多い。

2、植えるときの注意
時期　3〜4月
場所　排水がよく保水力もある日なたを好む。低湿地は向かない。

3、管理のポイント
　せん定は花が終わったらすぐに行う。病害はあまりないが、ルリチュウレンジハバチ、ツツジグンバイムシなどが発生したら、殺虫剤などで早めに駆除する。

ジンチョウゲ

ユズ

ユズ

常緑広葉樹・高木・陽樹
開花期5〜6月・結実期11〜12月
植える時期4〜5月

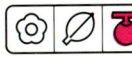

たのしみ　　地域

　皮はつゆや酢の物の香りに、果汁は柚酢、また甘くして柚餅子。日本の食味に欠かせぬユズを、料理上手な母のために植える。風邪と諸病を防ぐ冬至の柚湯で、いつまでも健康にの願いもこめて。

ウメ

落葉広葉樹・小高木・陽樹
開花期2〜3月・結実期6〜7月
植える時期11〜12月・2〜3月

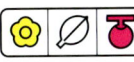

たのしみ　　鉢植え　地域

　早春に百花にさきがけて花開き、春を告げることから、松竹梅に数えられるめでたい木。老成してさらに薫りを増す、その奥ゆかしさ。子育てを終えゆとりを得た両親へ贈る。

ジンチョウゲ

常緑広葉樹・低木・中庸樹・雌雄異株
開花期2〜4月・結実期7月
植える時期3〜4月・6月

たのしみ　　鉢植え　地域

　「沈丁花」と書く。香料の沈香と丁字を合わせたほど匂いがよいの意。早春のまだ寒い時期に開くその花と薫りから、親への敬愛の表現にふさわしい。

アジサイ

落葉広葉樹・低木・中庸樹〜陰樹
開花期6〜7月
植える時期11〜12月・2〜3月

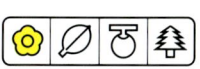

たのしみ　　鉢植え　地域

　梅雨空の暗い日にも、アジサイの花はそれ自身発光するかのように明るく美しい。周りを明るく照らす母への思慕をこめて。

17

願(がん)を立てたときには

アスナロ
常緑針葉樹・高木・陰樹

たのしみ　地域

　この木は、"あすはヒノキになろう"と思い続けているという。樹木に強い関心をもち続けた、日本人の空想が生んだ、木の名称の傑作。強い向上心をもつかのように、まっすぐに天をさして伸びるアスナロを、進学や目標達成の願立ての際に植えたい。あすは、あすはと思いをこめて伸びるうち、アスナロはヒノキに負けぬ30mの大木となる。材は建築用などに珍重される。

1、特徴
　開花期3～5月、結実期10月。生長はおそい。変種には小さな種類のヒメアスナロ、北海道でも育つヒノキアスナロなどがある。

2、植えるときの注意
時期　3～5月
場所　湿気があり半日陰の場所でよく育つ。

3、管理のポイント
　せん定はあまり好まない。肥料は萌芽前の春と、葉の固まる6月ごろに与えれば十分。

クチナシ

バクチノキ

キンカン

常緑広葉樹・低木・陽樹
開花期5〜6月・結実期11〜1月
植える時期5〜6月

古代、中国の男は、キンカンの実を懐に忍ばせてプロポーズにおもむいたという。大願成就の幸運のしるし。実は栄養豊富で、特に皮にはビタミンCが多い。

バクチノキ

常緑広葉樹・高木・中庸樹
開花期9〜10月・結実期翌5月
植える時期4月・6月

ぶっそうな名称だが、由来は、樹皮が自然にばっさりとはがれ落ちる様子がいさぎよいところから。失敗を恐れず大胆に取り組む人にふさわしい。

ナンテン

常緑広葉樹・低木・中庸樹〜陰樹
開花期6月・結実期11〜2月
植える時期3〜4月・10〜11月

難を転じる木として、大願成就の願いごとにも好適。戦国武将はよろいの内側にナンテンの葉を忍ばせて戦勝を祈ったという。

クチナシ

常緑広葉樹・低木・中庸樹
開花期6〜7月・結実期10〜12月
植える時期4〜6月

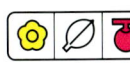

実が熟しても口を開かないのでこの名がついた。願いごとは口にしたら実らないともいう。黙々と夢の実現に励む人にとって、クチナシはふさわしい記念樹といえよう。

19

合格祝いには

ヒノキ

常緑針葉樹・高木・中庸樹

たのしみ　地域

　願立てにアスナロならば、大願成就のあかつきには、ヒノキを植えるのがふさわしいだろう。世界最古の木造建築として知られる法隆寺は総檜(そうひのき)づくりだが、千年をはるかに越えた木材の表面を削ったところ、下から木の香も新しい木目があらわれて、宮大工たちを今更のように驚かせたという。ヒノキの木組みは年月を経るにしたがって締まる。木材の王者というにふさわしい。目標達成を祝して植えたい。

1、特徴
開花期3〜4月、結実期10月。生長はやや早い。園芸品種にチャボヒバ、クジャクヒバなどがある。

2、植えるときの注意
時期　3〜4月・9〜10月
場所　低湿地を嫌うので、日当たりのよい場所を選ぶ。

3、管理のポイント
虫害が発生したら、殺虫剤などで初期に駆除する。

ゲッケイジュ

ニシキギ

コブシ

落葉広葉樹・高木・陽樹
開花期3月・結実期9〜10月
植える時期11〜12月・2〜3月

たのしみ　地域

つぼみが握りこぶしの形をしていることからこの名がついた。握りこぶしから"幸せをつかむ"への連想が生まれ、喜びを象徴する縁起木とされる。

マツ

常緑針葉樹・高木・陽樹
開花期4〜5月・結実期翌10〜11月
植える時期2〜4月

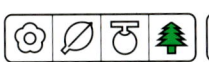

たのしみ　鉢植え　地域

千年を経て変わらぬマツの緑はめでたさの象徴、そして不変の心の象徴。願いかなっても、ゆるめずますますの発展を祈念して。

ニシキギ

落葉広葉樹・低木・中庸樹
開花期4〜5月・結実期10〜11月
植える時期11〜12月・2〜3月

たのしみ　鉢植え　地域

「その葉、冬紅にして錦(にしき)のごとし」といわれる見事な紅葉から名づけられた。願いかなって、錦(にしき)を飾る気もちから植えたい。毎年、葉が色づくたびに、成就の喜びを思い出すことができる。

ゲッケイジュ

常緑広葉樹・小高木・中庸樹・雌雄異株
開花期4月・結実期10月
植える時期5〜6月

たのしみ　地域

古代ギリシャでは、この枝葉を編んで勝利者の冠にした。また中国では、文官試験に合格したことを、「月桂(げっけい)を折る」という。もむと葉が香気を発するので尊重された。料理にも使われる。

21

巣立ちの記念には

スギ
常緑針葉樹・高木・陽樹

たのしみ　地域

住みなれた家を離れる巣立ちの希望をこめてスギを植えよう。スギの語源は「直ぐ木」。まっすぐな樹形は、文字通り未来へ向かって進む様子をあらわしてぴったり。明治の学制創設に際して、全国の小学校校舎が短期間に一挙に建てられたが、それも全国にスギの良材が豊富だったことによる。まっすぐな材質が、未来へ向かう日本の子供たちを支えたのだ。若木は活力に満ち、老木は荘厳といわれるその姿に、人生を重ね合わせて植えたい。

1、特徴
開花期2～3月、結実期10～11月。生長は早い。品種は多数で、その中にはダイスギなどもある。

2、植えるときの注意
時期　3～4月・9～10月
場所　湿度が高い場所を好む。

3、管理のポイント
カミキリムシ、キクイムシなどの虫害に気をつける。

ヒメリンゴ

ウメ

ハギ
落葉広葉樹・低木・陽樹
開花期6〜9月・結実期10月
植える時期11〜12月・2〜3月

たのしみ　　鉢植え　地域

万葉集で最も多く詠まれた植物。日本人の美意識にかなう上品な花と姿から、秋の七草の一つでもある。秋、もの思うとき、故郷の庭のハギと家族をしのぶ。

ウメ
落葉広葉樹・小高木・陽樹
開花期2〜3月・結実期6〜7月
植える時期11〜12月・2〜3月

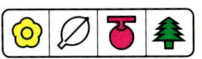

たのしみ　　鉢植え　地域

太宰府に流された菅原道真のもとへ、一夜にして京の家から飛び移ってきた飛び梅の話は有名。その故事にちなんで、巣立った家とのつながりを深めるウメを植えたい。

ヒメリンゴ
落葉広葉樹・低木・陽樹
開花期5〜6月・結実期10月
植える時期2〜3月

たのしみ　　鉢植え　地域

可憐（かれん）で美しい実を鈴なりにつけるので、巣立ちの記念樹に。これからの人生に実り多いことを祈って植える。

アジサイ
落葉広葉樹・低木・中庸樹〜陰樹
開花期6〜7月
植える時期11〜12月・2〜3月

たのしみ　　鉢植え　地域

この木を植えると病気除（よ）けになり、また小遣いに困らないというまじないの俗信がある。巣立った人の心細さを慰めてくれる、言い伝えである。

婚約や友情の記念には

クチナシ

常緑広葉樹・低木・中庸樹

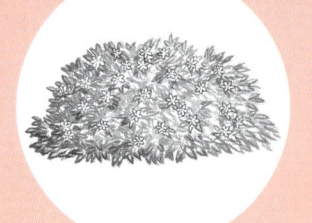

たのしみ　鉢植え　地域

クチナシの語源は、実が熟しても口を開けないところから。婚約者への愛や友情など、他人に語らぬ真実を無言であらわすクチナシを、心の証として薦めたい。無言の美と、夕暮れに白く浮かぶ清楚な花の美しさに、結婚の約束や不変の友情という、人生最高の誓いをこめて植樹する。

1、特徴
　開花期6〜7月、結実期10〜12月。成長はややおそい。

2、植えるときの注意
時期　4〜6月
場所　半日陰でも育つが日なたのほうが花をよくつける。土質は特に選ばない。

3、管理のポイント
　せん定は花が終わったらすぐに行う。虫害に気をつける。

ギンヨウアカシア

シラカバ

バラ

落葉／常緑広葉樹・低木・陽樹
開花期4〜11月・結実期9〜11月
植える時期11〜12月(落葉)／2〜6月(常緑)

たのしみ　鉢植え　地域

　古代ローマでは、バラのもとでの誓いは絶対不変・秘密を意味した。気高く豪華なバラは、花の女王ともいわれる。美しいこの花に堅い誓いをこめて植樹する。

コデマリ

落葉広葉樹・低木・陽樹
開花期4〜5月・結実期9〜10月
植える時期3月・9〜12月

たのしみ　鉢植え　地域

　小さな花が百ほども集まって、手まりのような形をつくるこまやかさは、婚約者や親友への心遣いにも似てふさわしい。

シラカバ

落葉広葉樹・高木・陽樹
開花期4〜5月・結実期8〜9月
植える時期11〜12月・2〜3月

たのしみ　地域

　すらりとした白い幹と、さわやかな葉の茂みで、誰もが魅了される「森の貴婦人」。高原の空気のような、透明で明るいふたりの関係を象徴。

アカシア

常緑広葉樹・高木・陽樹
開花期2〜3月・結実期10月
植える時期4月・6月

たのしみ　地域

　この花は友情をあらわすとされ、ヨーロッパの人々にこよなく愛されている。わが国各地で見られるニセアカシアとは別種。

25

退院・快気祝いには

キンカン
常緑広葉樹・低木・陽樹

たのしみ　鉢植え　地域

　古代の中国で、キンカンは幸運を約束するしるしであった。病気を克服した記念樹としてふさわしい木である。昔からキンカンの鎮咳(ちんがい)効果はよく知られ、また、果肉、果皮ともに各種の無機質やビタミンを含み、カロチンも多い。さらに血管を強化する効果も認められている。緑の葉と金色の実で親しまれるこの木を、病後の慰めと健康を願う気もちをこめて、身近に植えたい。

1、特徴
開花期5～6月、結実期11～1月。鉢植えでも実をよくつける。

2、植えるときの注意
時期　5～6月
場所　暖地に適するので、関東以北では鉢植えにして室内で育てるほうがよい。土質は特に選ばない。

3、管理のポイント
　初夏から夏にかけてアゲハチョウの虫害に気をつける。

ツバキ

アオキ

ツバキ

常緑広葉樹・小高木〜高木・中庸樹
開花期2〜4月・結実期10〜11月
植える時期3〜4月・6月・9月

たのしみ　鉢植え　地域

ツバキの花期には蜜を吸う昆虫が少ないが、メジロやヒヨドリなどが蜜を吸いに来てにぎわう。花と鳥の楽しい交歓風景が、快気祝いの人の心をさらに明るくする。

アオキ

常緑広葉樹・低木・陰樹・雌雄異株
開花期3〜4月・結実期11〜3月
植える時期4月・6月・9月

たのしみ　鉢植え　地域

寒さにも暑さにも強く、一年中青々として生命力あふれるアオキを、病後の人への励ましとして植えたい。

エンジュ

落葉広葉樹・高木・陽樹
開花期7〜8月・結実期9〜10月
植える時期11〜12月・2〜3月

たのしみ　地域

エンジュの名は「延寿」、つまり寿命を延ばすに通じる縁起のよさで紹介したい。中国では、この実を長年服用すると「頭髪白からず」といわれている。

モモ

落葉広葉樹・小高木・陽樹
開花期3〜4月・結実期6月
植える時期11〜12月・2〜3月

たのしみ　地域

古代、中国ではモモを食べて仙化、つまり仙人になった人がいるとの伝説がある。このような言い伝えのあるモモの木は、快気祝いの人を大いに元気づけるだろう。

敬老や長寿祝いには

マツ

常緑針葉樹・高木・陽樹

たのしみ　鉢植え　地域

　敬老・長寿の慶事にはマツがふさわしい。わが国では、マツを神の依代(よりしろ)として、門松などに用いてきた。また、全国にマツの巨樹・名木が多数あり、しめ縄が飾られ神聖視されているのも、マツが特別に長命であることに霊力を感じるからだろう。天然記念物指定のものも多い。タイマツに「松明」の字を当てるのは、火力が強く火もちがよいことによる。年長者を末永い導きの明かりとして、敬意をこめて植樹する。

1、特徴
　開花期4〜5月、結実期翌10〜11月。生長は早い。クロマツ（写真）、アカマツ、ゴヨウマツなどがある。

2、植えるときの注意
時期　2〜4月
場所　日当たりのよい乾燥地を好む。

3、管理のポイント
　樹形を考えながら新芽を摘むみどりつみ、6〜7月の不要枝のせん定、秋から冬の古葉とりなどを行う。マツケムシなどの害虫は見つけしだい駆除する。

サツキ

アキグミ

グミ

常緑／落葉広葉樹・低木・中庸樹
開花期10〜11月（常緑）／5月（落葉）
結実期翌5〜6月（常緑）／9〜11月（落葉）
植える時期4〜6月（常緑）／11〜12月・2〜3月（落葉）

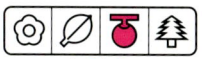

たのしみ　鉢植え　地域

　お年寄りの多くは、グミに思い出をもつ人が多いだろう。まちがって渋く酸っぱいのを食べてしまって、顔をしかめて腕白どもと笑いあった昔を懐かしんで、ぜひ一株を。

サツキ

常緑広葉樹・低木・陽樹〜中庸樹
開花期5〜6月・結実期10〜11月
植える時期3〜4月

たのしみ　鉢植え　地域

　長寿と健康の喜びを象徴するあざやかな花。ホトトギスの美声が聞こえるとこの花が咲くという。また、ホトトギスの口の中が赤いのはサツキを食べたからとも。

エンジュ

落葉広葉樹・高木・陽樹
開花期7〜8月・結実期9〜10月
植える時期11〜12月・2〜3月

たのしみ　地域

　エンジュの音が「延寿」に通じる縁起のよさで、敬老や長寿祝いの記念樹に。

ナンテン

常緑広葉樹・低木・中庸樹〜陰樹
開花期6月・結実期11〜2月
植える時期3〜4月・10〜11月

たのしみ　鉢植え　地域

　ナンテンは仙人の食べ物といわれ、特に葉を米に混ぜて炊けば、白髪も黒くなるのだとか。これからもますます健康にの意味をこめて植えたい。

29

故人をしのぶには

カエデ
落葉広葉樹・小高木～高木・中庸樹

たのしみ　鉢植え　地域

　カエデ（モミジ）は、春の芽出し、秋の紅葉、冬の影こまやかなこずえなど、四季を通じて美しい。わが国の代表的な樹木で、愛好者も極めて多い。日本庭園、社寺、個人の庭などによく植えられる。亡くなった人が生前に愛したカエデの、四季折々のうつろいにその面影をしのぶ。また、命日などに植樹して、亡き人の思い出としたい。

1、特徴
　開花期4～5月、結実期9～10月。原種のイロハモミジ（タカオカエデ）、オオモミジ（写真）、ハウチワカエデなどが代表で、園芸種も多い。

2、植えるときの注意
時期　2月・10～12月
場所　日なたで排水がよく、やや湿り気のある所がよい。

3、管理のポイント
　アブラムシ、カミキリムシがよくつくので、成虫を駆除する。せん定は、落葉期の樹液が動き出す前の春先に行う。

サザンカ

ヤマハギ

ハギ

落葉広葉樹・低木・陽樹
開花期6〜9月・結実期10月
植える時期11〜12月・2〜3月

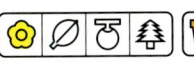

　古来、日本人はハギを特別に愛好してきた。今も各地に「萩寺」があって、季節には境内をハギの花が埋め尽くす。徒然草でも、身近に欲しい木としてハギを挙げている。静けさを漂わせる樹形と、赤紫や白の清楚(せいそ)な花が故人をしのぶのにふさわしい。

サザンカ

常緑広葉樹・小高木・中庸樹
開花期10〜12月・結実期翌9〜10月
植える時期3〜4月・6月

　整った樹姿と花が美しい。日陰にも耐えるので生け垣にも好適。そんな花容(かよう)が亡き人をしのぶのにふさわしい。

ジンチョウゲ

常緑広葉樹・低木・中庸樹・雌雄異株
開花期2〜4月・結実期7月
植える時期3〜4月・6月

　香料の沈香(じんこう)と丁字(ちょうじ)を合わせたほど匂いがよいことから、漢字では「沈丁花」と書く。古いことわざには「沈丁花は枯れても香し」とある。亡くなってもその思い出は香り続けるの意をこめて。

キンモクセイ

常緑広葉樹・小高木・中庸樹・雌雄異株
開花期9〜10月・結実期翌5月
植える時期3月・6月・9月

　「七里香」と別名にある通り、旅立った人の思い出が遠くまで届く、の心をこめて。

成人の記念には

ケヤキ
落葉広葉樹・高木・陽樹

たのしみ　　地域

　その堂々たる樹姿はひろく各地に見られる。新葉を初夏の風にひるがえし、落葉して枝こまやかなこずえが冬空を飾る。「われここにあり」の気概を示す。ケヤキは用材としても、長大な木材がとれることや、木目の美しさ、また磨けば光沢を放つことなどから尊ばれ、古くは「けやけき木」、すなわち「際立つ木」の名を与えられていた。それが転訛してケヤキ。将来への気概にあふれる成人の祝いに植えたい木である。

1、特徴
　開花期4〜5月、結実期10月。生長は早い。

2、植えるときの注意
時期　11〜12月・2〜3月
場所 日なたの適湿で肥沃な土質を好む。乾燥に弱いので注意する。

3、管理のポイント
　萌芽力が強く、せん定に耐える。

モモ

ヒノキ

ヒノキ

常緑針葉樹・高木・中庸樹
開花期3〜4月・結実期10月
植える時期3〜4月・9〜10月

たのしみ　地域

　古来極めて尊重された木である。日本に縦びきノコギリが近世までなかったのは、木目がまっすぐで、すぱっと割れるヒノキやスギが豊富だったため。ヒノキのヒは「火・日」で、最高のものをあらわす接頭語という。

マツ

常緑針葉樹・高木・陽樹
開花期4〜5月・結実期翌10〜11月
植える時期2〜4月

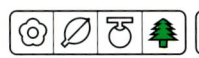

たのしみ　鉢植え　地域

　人生の門出を祝うにふさわしい常磐木（ときわぎ）である。「松は双葉より棟梁（とうりょう）の思いあり」、つまり第一歩から志が強いことをあらわす。

モモ

落葉広葉樹・小高木・陽樹
開花期3〜4月・結実期6月
植える時期11〜12月・2〜3月

たのしみ　地域

　女性の成人記念にふさわしい。邪気不祥を払い、羽化登仙の仙果（よ）をつける霊力から、魔除けの木。

ヒメリンゴ

落葉広葉樹・低木・陽樹
開花期5〜6月・結実期10月
植える時期2〜3月

たのしみ　鉢植え　地域

　これも女性の成人記念向き。美しい実をたくさんつけることから、幸多かれと祈って。

33

卒業記念には

ポプラ
落葉広葉樹・高木・陽樹・雌雄異株

　伸びやかな樹形が、卒業式を迎え、将来に夢を託す若者にふさわしい。樹勢盛んで極めて生長が早いので、人生の厳しさをはね返して、ぐんぐん伸びる若者を思わせる。北海道大学のポプラ並木は有名。卒業という新たな旅立ちに、希望をこめて植樹する。

1、特徴
　開花期3〜4月、結実期5〜6月。生長は早い。

2、植えるときの注意
時期　11〜12月・2〜3月
場所　日当たりがよく、肥沃な土地に植える。

3、管理のポイント
　コウモリガ、カミキリムシなど、穿孔種の害虫に気をつける。

ハナミズキ

シンジュ

サクラ

落葉広葉樹・高木・陽樹
開花期3〜5月・結実期6〜7月
植える時期11〜12月・2〜3月

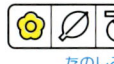

たのしみ　地域

　大きく生長するサクラは、卒業後に夢を託すにふさわしいだろう。花の美しさは比類なく、ただ花といえばサクラをさすほど。清少納言は「絵にかきて劣るもの」としてサクラを挙げている。

ハナミズキ

落葉広葉樹・高木・陽樹
開花期4〜5月・結実期9〜11月
植える時期11〜12月・2〜3月

たのしみ　地域

　明治末期、日本からアメリカへサクラを贈った返礼に、アメリカを代表する花木として贈られた。花、実、紅葉の三拍子そろった美しさで知られる。卒業までに受けた恩への「返礼」をあらわすのに適している。

シンジュ

落葉広葉樹・高木・陽樹・雌雄異株
開花期6月・結実期10月
植える時期11〜12月・2〜3月

たのしみ　地域

　英名の「天国の木」の意訳として「神樹(しんじゅ)」と名づけられた。天まで届かんばかりに育つので、卒業後も大きく立派に成長するようにの願いをこめて。

ニシキギ

落葉広葉樹・低木・中庸樹
開花期4〜5月・結実期10〜11月
植える時期11〜12月・2〜3月

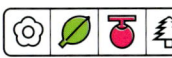

たのしみ　鉢植え　地域

　漢字で書けば「錦木(にしきぎ)」。秋の紅葉はカエデに劣らない。やがて錦(にしき)を飾る日を夢見て、卒業の記念に。

35

入学や入社の記念には

サクラ
落葉広葉樹・高木・陽樹

たのしみ　地域

　わが国の新年度は4月に始まるので、その時期に咲くサクラの意味合いはあまりにも深く、入学式や入社式を飾るに最もふさわしい。日本を代表する花、そして花の中の花。サクラは、日本人の心に無条件にめでたさをかもしだす。そして、青葉、紅葉も美しく、記念樹としても存在感の高い樹木といえる。入学や入社など、新たなスタートに前途を祝して。

1、特徴
　開花期3〜5月、結実期6〜7月。ソメイヨシノ（写真）、ヤマザクラ、オオシマザクラ、サトザクラなどの品種がよく植えられる。

2、植えるときの注意
　時期　11〜12月・2〜3月
　場所　水はけのよい日当たりで、適湿の所がよい。

3、管理のポイント
　てんぐ巣病などの病害や、ケムシ類の虫害が多いので、発生したら初期に防除することが大切。

マンサク

アベリア

マンサク

落葉広葉樹・小高木・陽樹
開花期2〜3月・結実期10〜11月
植える時期11〜12月・2〜3月

たのしみ　地域

　木いっぱいに花が咲くから「満作」、あるいは早春に他にさきがけて「まず咲く」からマンサクといわれる。ものごとのスタートを飾るにふさわしい。

アベリア

半落葉広葉樹・低木・陽樹
開花期7〜11月
植える時期3〜4月

たのしみ　地域

　初夏から晩秋まで連続して開花し、紅葉も美しい木。連続開花することから、次々に楽しいことが実現するようにと植える。日本名はハナツクバネウツギ。

イチョウ

落葉樹・高木・陽樹・雌雄異株
開花期4月・結実期10月
植える時期11〜12月・2〜3月

たのしみ　地域

　生長が早く、繁栄のシンボル。たくましい生命力に、今後の力強い発展を祈念して植えたい。

アスナロ

常緑針葉樹・高木・陰樹
開花期3〜5月・結実期10月
植える時期3〜5月

たのしみ　地域

　「あすはヒノキになろう」と思い続ける向上心にならって、入学・入社記念に植えたい。

開業・開所祝いには

イチイ

常緑針葉樹・高木・陰樹・雌雄異株

 貴人や神主が手にもつ「しゃく」をこれでつくったので、木の一位の意味からこの名がついた。「暑天陰雨にも狂いゆがむことなし」と古書にあるように、木質がよく狂いが生じない点と、病虫害に強い点が、社運の隆盛を思わせる。「一位」の縁起も含めて、開業・開所の記念樹にふさわしい。

1、特徴
開花期3〜4月、結実期9〜11月。生長はおそい。変種に低木のキャラボクがある。

2、植えるときの注意
時期　3〜5月
場所　日なたでも半日陰でもよい。

3、管理のポイント
刈り込みに耐える。寒肥を与えるとよい。

ケヤキ
センリョウ 

センリョウ

常緑広葉樹・低木・中庸樹〜陰樹
開花期6月・結実期11〜2月
植える時期3〜4月・6月

たのしみ　鉢植え　地域

　センリョウは「千両」に通じる縁起のよい木。正月の生け花にも欠かせない。実が葉の上につくことから、「上向き」の象徴として珍重される。

マツ

常緑針葉樹・高木・陽樹
開花期4〜5月・結実期翌10〜11月
植える時期2〜4月

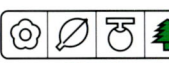

たのしみ　鉢植え　地域

　縁起で選ぶならマツも忘れられない。常磐(ときわ)の松。厳しい土地にもしっかりと根を張る点も、開業の記念にぴったり。

ケヤキ

落葉広葉樹・高木・陽樹
開花期4〜5月・結実期10月
植える時期11〜12月・2〜3月

たのしみ　地域

　語源が「けやけき木」、すなわち「際立つ木」であるので、社運の発展を願って植える。

ヒノキ

常緑針葉樹・高木・中庸樹
開花期3〜4月・結実期10月
植える時期3〜4月・9〜10月

たのしみ　地域

　まっすぐに伸びる樹形が、順調な発展を意味している。

開店祝いには

マンリョウ

常緑広葉樹・低木・中庸樹～陰樹

たのしみ　鉢植え　地域

　古来、マンリョウは富の象徴として、センリョウとならんで商家に植えられた。マンリョウはセンリョウの10倍で「万両」。縁起のよいのは名ばかりではなく、四季を通じてつやつやとした緑の葉を保つことと、美しく赤い実がたわわに、しかも晩秋から春までつくことからも、商売が常に栄えることを象徴しているとして喜ばれる。「大木の根に万両のなつかしく」は高浜虚子の句だが、これは山に自生している自然のままの姿をあらわしている。マンリョウは日陰にも強い。

1、特徴
開花期6～7月、結実期11～3月。センリョウよりも耐寒性が強い。

2、植えるときの注意
時期　4～5月
場所　湿気があり水はけのよい場所を好む。

3、管理のポイント
萌芽力が弱いのでせん定はしない。鉢植えの場合は、乾燥に特に注意する。

アセビ

カラタチバナ

カラタチバナ

常緑広葉樹・低木・中庸樹〜陰樹
開花期7月・結実期11〜2月
植える時期3〜4月・6月

別名「百両金」。マンリョウ、センリョウときてヒャクリョウキン。ぜんぶそろえたらどうだろう。性質も樹形もマンリョウに似ている。

アオキ

常緑広葉樹・低木・陰樹・雌雄異株
開花期3〜4月・結実期11〜3月
植える時期4月・6月・9月

暑さ寒さに耐えることから、不景気にも強靱に生き残る経営が連想され、これも開店祝いに適している。

ツツジ

常緑／落葉広葉樹・低木・陽樹
開花期4〜5月・結実期10月
植える時期　夏と冬を除く年間（常緑）／
　　　　　　11〜12月・2〜3月（落葉）

「続き咲き木」が語源といわれ、美しい花が次々に開く。千客万来の繁盛を続けるという意味で開店祝いに好適。

アセビ

常緑広葉樹・低木・中庸樹
開花期3〜4月・結実期9〜10月
植える時期11〜12月・2〜3月

アセビには奇妙な伝承があり、この枝を燃やすと「ゼニカネ、ゼニカネ」という声がするという。「銭金を呼ぶ」の縁起で開店祝いに。

創立記念日には

ユズリハ

常緑広葉樹・高木・中庸樹・雌雄異株

たのしみ　地域

　新芽が出てから古葉を散らすので、代を「ゆずる葉」が語源だが、そこから代々に引き継ぐ繁栄の象徴として、正月には欠かせない木となった。常緑樹は基本的にはみな「ゆずり葉」であるのに、なぜこの木だけが特にユズリハと呼ばれるかは、古い葉と新しい葉の入れ替わりが特にめだつからだろうといわれる。万葉集にも歌われているが、別名「親子草」もおそらく新旧の交替をあらわしたもの。永世変わらず続くことを願って。

1、特徴
　開花期4〜5月、結実期10〜11月。生長はややおそい。ほかにヒメユズリハ、エゾユズリハなどがある。

2、植えるときの注意
時期　4月・6月・9月
場所　湿り気があり、半日陰になるような所を好む。

3、管理のポイント
　萌芽力に乏しいのであまりせん定はしない。

ソメイヨシノ

イチョウ

スギ	常緑針葉樹・高木・陽樹 開花期2〜3月・結実期10〜11月 植える時期3〜4月・9〜10月	
	鹿児島県屋久島に生育するスギの大木は、屋久杉といわれ、国産樹種の中では最長寿といわれる。その長命にあやかって、将来の隆盛を願う。	

イチョウ	落葉樹・高木・陽樹・雌雄異株 開花期4月・結実期10月 植える時期11〜12月・2〜3月	
	イチョウは古代の生き残り植物。驚嘆に値するたくましい生命力にあやかって、今後の繁栄を祈念する。	

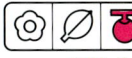

サクラ	落葉広葉樹・高木・陽樹 開花期3〜5月・結実期6〜7月 植える時期11〜12月・2〜3月	
	日本を代表する花。わが国では新年度が4月に始まるために、その大切な節目を飾るサクラの意味合いは深い。事の始まりを祝し、永続を願うのにふさわしい樹木。	

ヒノキ	常緑針葉樹・高木・中庸樹 開花期3〜4月・結実期10月 植える時期3〜4月・9〜10月	
	日本書紀に見られるように、宮木として用いられ、愛されてきた樹木。その姿は美しく、伸びゆく未来を祈念するにふさわしい。	

43

安全祈願には

ナナカマド

落葉広葉樹・小高木・陽樹

たのしみ　地域

　七回かまどに入れても燃えにくいので、この名がついたという。火難を避けるとして、さまざまな安全祈願に植える。花言葉は「安全」。秋の紅葉の美しさと、赤い実をたくさんつけて小鳥を呼び集めることから、庭木として主に北の地方で愛好されてきた。大きくなれば10mに達するものもある。

1、特徴
　開花期5～6月、結実期9～11月。生長はややおそい。

2、植えるときの注意
時期　3～4月
場所　やや日の当たる肥沃な土を好む。

3、管理のポイント
　あまりせん定せず、自然形に育てればよい。

モモ

サンゴジュ

サンゴジュ

常緑広葉樹・小高木・陰樹
開花期6〜7月・結実期9〜11月
植える時期3〜4月・6月

珊瑚(さんご)のような美しい実をつけることからサンゴジュ。火に強いことから「火防(ひぶせ)の木」の別称をもつ。避難緑地などの防火樹にも用いられている。火災除(よ)けの願いをこめて植える。

ヒイラギ

常緑広葉樹・小高木・中庸樹・雌雄異株
開花期10〜11月・結実期翌7月
植える時期3〜4月・6月・9月

「ひいらぐ（痛い）木」からヒイラギと名前がついたという。葉に鋭いトゲがあり、鬼もこれを恐れて侵入しない。防犯の木。

モモ

落葉広葉樹・小高木・陽樹
開花期3〜4月・結実期6月
植える時期11〜12月・2〜3月

古事記にイザナギノミコトがモモの実を投げつけて災難を逃れたとあるように、はるかな昔から厄払いのシンボルだった。

ナンテン

常緑広葉樹・低木・中庸樹〜陰樹
開花期6月・結実期11〜2月
植える時期3〜4月・10〜11月

難を転じる木だから、安全祈願にもふさわしい。

豊作・大漁祈願には

マンサク
落葉広葉樹・小高木・陽樹

早春、枝いっぱいに黄色い花が咲く年は、豊年満作といわれる。マンサクの名はここからきているともいう。いわば花占いだが、豊年祈願に植えるようになったという。学名の Hamamelis はギリシャ語 Ham（共に）melis（果実）の合成語。花と実とともにあるの意で、文字通り花も実もある豊年を祈念して植える。

1、特徴
開花期2〜3月、結実期10〜11月。花の大きいシナマンサクもある。

2、植えるときの注意
時期　11〜12月・2〜3月
場所　日当たりのよい場所を好み、土質は特に選ばない。乾燥を嫌う。

3、管理のポイント
樹形を整えるためには、落葉期に伸び過ぎた枝などを切り詰める。

クス

コブシ

ザクロ

落葉広葉樹・高木・陽樹
開花期6〜7月・結実期10〜11月
植える時期11〜12月・2〜3月

ザクロの花が咲くころ雨が降れば、その年の作柄がよいとされている。実の中に種が多くあることから、豊穣(ほうじょう)・多産のシンボルとして、多くの国で大切にされてきた。豊作・大漁祈願にはぴったりの木。

マンリョウ

常緑広葉樹・低木・中庸樹〜陰樹
開花期6〜7月・結実期11〜3月
植える時期4〜5月

センリョウ、カラタチバナとともに富を象徴する縁起木。豊作・大漁祈願にふさわしい。

クス

常緑広葉樹・高木・陽樹
開花期5〜6月・結実期11〜12月
植える時期3〜5月

クスの語源は「奇(くす)し木」「くすりの木」などが文献に見えているが、いずれもクスの生命力と、樟脳(しょうのう)などの薬効をもつことに由来する。船材としても優れ、漁業者の信仰を集めてきた。

コブシ

落葉広葉樹・高木・陽樹
開花期3月・結実期9〜10月
植える時期11〜12月・2〜3月

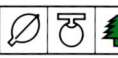

つぼみの形がこぶしに似ていることからこの名がついた。「握る」「つかむ」に通じるところから、多くの収穫をつかむようにと祈願するのに適する。

昇進・栄転祝いには

ニシキギ
落葉広葉樹・低木・中庸樹

たのしみ　鉢植え　地域

「秋の紅葉は錦のごとし」から名前がついた由来によって、錦を飾る祝意をこめて記念樹としたい。生け花にもよく使われる紅葉の美しい木。清少納言が枕草子で「花の木ならぬはそばの木」と、花の木以外で美しい木として称賛している。「そばの木」はニシキギの古称。

1、特徴
開花期4〜5月、結実期10〜11月。生長は早い。変種にコマユミがある。

2、植えるときの注意
時期　11〜12月・2〜3月
場所　西日の当たらない場所を選ぶ。乾燥を嫌う。

3、管理のポイント
ミノムシがついたら手で早めに取り去る。

ツバキ

ネムノキ

エンジュ

落葉広葉樹・高木・陽樹
開花期7〜8月・結実期9〜10月
植える時期11〜12月・2〜3月

たのしみ　　　　　地域

中国では高い官位に就くと庭にこの木を植える風習があり、高貴の木とされていた。

キンカン

常緑広葉樹・低木・陽樹
開花期5〜6月・結実期11〜1月
植える時期5〜6月

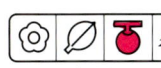

たのしみ　　　鉢植え　地域

金色の実をつけ、幸運をもたらす縁起木であるといわれている。昇進・栄転後も幸多かれと願って植える。

ツバキ

常緑広葉樹・小高木〜高木・中庸樹
開花期2〜4月・結実期10〜11月
植える時期3〜4月・6月・9月

たのしみ　　　鉢植え　地域

ツバキはたいへん豪華な花を開き、美しい品種が多い。花のあでやかさ、華やかさから、昇進や栄転を祝い、前途を祝して植樹したい。

ネムノキ

落葉広葉樹・高木・陽樹
開花期6〜7月・結実期9〜11月
植える時期11〜12月・3〜4月

たのしみ　　　　　地域

夕方に葉を閉じて眠るネムノキにならい、「働き過ぎに気をつけて」のメッセージをこめて植樹するのも今風。

退職記念には

ハナミズキ
落葉広葉樹・高木・陽樹

たのしみ　地域

　明治末期、日露戦争の停戦を斡旋したアメリカ国民に感謝し、時の東京市長尾崎行雄はワシントン市へサクラを寄贈した。その返礼に贈られたのが、アメリカを象徴する花、ハナミズキ。ハナミズキとサクラは、日米友好のシンボルとなった。長年の労をねぎらい、感謝の気もちをこめて、退職記念にはハナミズキを植えたい。

1、特徴
　開花期4〜5月、結実期9〜11月。生長はややおそい。

2、植えるときの注意
時期　11〜12月・2〜3月
場所　水分を多く要求するが、極端な乾燥地でなければよく育つ。植えつけのときには堆肥を十分に与える。

3、管理のポイント
　アメリカシロヒトリがよく発生する。発生したら極力早めに駆除する。

ユズリハ

サザンカ

サザンカ

常緑広葉樹・小高木・中庸樹
開花期10〜12月・結実期翌9〜10月
植える時期3〜4月・6月

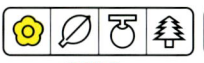

冷涼の季節にさわやかに花咲くサザンカは、静かさを漂わせる上品な花。長い間おつかれさまの気もちをこめて記念樹とする。

サツキ

常緑広葉樹・低木・陽樹〜中庸樹
開花期5〜6月・結実期10〜11月
植える時期3〜4月

品種が多く、花色や花容の変異は千差万別。特に絞りの変化は、ほかの花には見られないおもしろさがある。花期も長く、美しい花をゆっくりと楽しむことができる。退職の記念にふさわしい。

ライラック

落葉広葉樹・低木・陽樹
開花期4〜5月・結実期9〜10月
植える時期11〜12月・2〜3月

ヨーロッパでは、「ライラック（リラ）あるところに初めて家庭あり」といわれるほど家庭に普及している。家庭を象徴する花を植えて、これからは家でお過ごしくださいのメッセージに。

ユズリハ

常緑広葉樹・高木・中庸樹・雌雄異株
開花期4〜5月・結実期10〜11月
植える時期4月・6月・9月

古い葉と新しい葉の入れ替わりがめだつことから、縁起のよい木とされる。後進に道をゆずり、人生の新しいスタートを切る気もちで、勇退の記念として思い出の地に。

栄誉をたたえるには

ボタン
落葉広葉樹・低木・陽樹

たのしみ　鉢植え　地域

　入賞・入選・叙勲などの輝かしい栄誉をたたえるには、豪華であでやかなボタンの花を。日本ではただ花といえばサクラだが、中国では花といえばボタンで、「花王」と尊称される。わが国には、奈良時代に渡来したといわれ、紅、紅紫、黄、白、絞りなど、色美しい品種が多く栽培されている。

1、特徴
　開花期4～5月、結実期8～9月。園芸品種が多い。冬に花を咲かせるカンボタンもある。

2、植えるときの注意
時期　9～10月
場所　通風がよく、肥沃な土で、排水のよい日当たりの場所を選ぶ。

3、管理のポイント
　3月と花後に堆肥と化成肥料を施す。肥料は多く必要。病害が多いので気をつける。

キンモクセイ

ハナカイドウ

キンモクセイ

常緑広葉樹・小高木・中庸樹・雌雄異株
開花期9〜10月・結実期翌5月
植える時期3月・6月・9月

素晴らしい芳香と、そして丈夫なところから、庭木によく用いられる。キンモクセイ、ギンモクセイとあるので、栄誉をたたえるに適しているといえよう。

カイドウ

落葉広葉樹・小高木・陽樹
開花期4〜5月・結実期10〜11月
植える時期11〜12月・2〜3月

ハナカイドウは花木の王とも称される。高い栄誉を受けた際の記念植樹に。

サクラ

落葉広葉樹・高木・陽樹
開花期3〜5月・結実期6〜7月
植える時期11〜12月・2〜3月

サクラは無条件に、日本人の心に明るくめでたい思いをかもし出す。花の中の花、そして国花ともいわれる。栄誉をたたえる記念樹に。

キンカン

常緑広葉樹・低木・陽樹
開花期5〜6月・結実期11〜1月
植える時期5〜6月

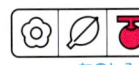

古代の中国で幸運のシンボルであったこと、金色の実をつけることなどにより、輝かしい栄誉をたたえるにふさわしい。

53

出版記念には

コブシ

落葉広葉樹・高木・陽樹

たのしみ　地域

つぼみの形がこぶしに似ているところから〝つかむ〟につながる。ここでは、出版された本が読者の心をつかむようにと願って植える。また、コブシの花が長く厳しい冬の終わりに明るく咲き出すことから、長い苦労の末、出版に至った記念にふさわしいといえよう。

1、特徴
　開花期3月、結実期9～10月。生長は早い。大きくならないシデコブシなどもある。

2、植えるときの注意
時期　11～12月・2～3月
場所　日なたで適湿の肥沃な土を好む。

3、管理のポイント
　自然に樹形が整うので、せん定はあまりしない。

ヒメリンゴ

ムラサキシキブ

ムラサキシキブ

落葉広葉樹・低木・中庸樹
開花期6〜7月・結実期10〜11月
植える時期11〜12月・2〜3月

たのしみ　　　鉢植え　地域

学名「カリカルパ・ジャポニカ」の意味は「日本の美しい果実」。出版された本をたたえるにふさわしい。また、紫式部は世界文学史に名をなした代表的作家でもあるので、二重にふさわしいといえよう。

マンサク

落葉広葉樹・小高木・陽樹
開花期2〜3月・結実期10〜11月
植える時期11〜12月・2〜3月

たのしみ　　　　　地域
　　　　　　　　しんぎん

枝いっぱいに花をつける樹形が、さまざまな縁起につながる。呻吟の末に出版に到達した、喜びの大きさを祝うにふさわしい。

ヒメリンゴ

落葉広葉樹・低木・陽樹
開花期5〜6月・結実期10月
植える時期2〜3月

たのしみ　　　鉢植え　地域

無数の実をつける木であることから、出版された本が、人々に普及して無数の実を結ぶことを願って。

イチョウ

落葉樹・高木・陽樹・雌雄異株
開花期4月・結実期10月
植える時期11〜12月・2〜3月

たのしみ　　　　　地域

現存する樹木の中では、最も長く持続した種であることから、長く継続的に読まれ続けることを願って。

55

ホールインワンには

モクレン

落葉広葉樹・低木～小高木・陽樹

たのしみ　地域

　満開のモクレンは、花の大きさから、極めて豪華である。したがって、めったにないことが起こった驚きや喜びをあらわすにふさわしく、ホールインワンの記念にはぴったり。モクレンは紅紫色の花色から、シモクレンともいわれる。ほかに、白色の花を咲かせるハクモクレンなどもある。中国では、ハクモクレンを玉蘭(ぎょくらん)と称し珍重した。

1、特徴
開花期3～4月、結実期9月。ハクモクレンは大高木になる。

2、植えるときの注意
時期　2～3月
場所　土質はあまり選ばない。

3、管理のポイント
花が終わった直後にせん定を行う。秋になってから刈り込むと、花芽が切り落とされて翌年花が咲かない場合がある。

バラ

カルミア

カルミア

常緑広葉樹・低木・中庸樹
開花期5～6月・結実期10～11月
植える時期3～4月

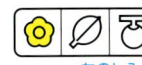

たのしみ　　　鉢植え　地域

　アメリカシャクナゲの別名は、大正期にアメリカから渡来したことによる。ゴルフの盛んなアメリカにちなみ、かつ低木の枝全体を覆う美しい花が、見る人をはっと驚かすことから、ホールインワン記念に。

バクチノキ

常緑広葉樹・高木・中庸樹
開花期9～10月・結実期翌5月
植える時期4月・6月

たのしみ　　　　　地域

　ばっさりと大きく樹皮がはげ落ちて人を驚かす木であることから、また勝負を象徴するその名から、ホールインワンを祝うのに向いている。

ボタン

落葉広葉樹・低木・陽樹
開花期4～5月・結実期8～9月
植える時期9～10月

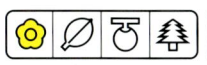

たのしみ　　　鉢植え　地域

　中国で花といえばボタンをさす。百花の王ともいわれるその豪華さは、めったにないホールインワンを記念するに適している。

バラ

落葉／常緑広葉樹・低木・陽樹
開花期4～11月・結実期9～11月
植える時期11～12月（落葉）／2～6月（常緑）

たのしみ　　　鉢植え　地域

　バラはゴルフ発祥の地、英国の国花。また花の女王とされることからも、この目的での記念植樹に好適といえよう。

優勝・勝利の記念には

ゲッケイジュ

常緑広葉樹・小高木・中庸樹・雌雄異株

たのしみ　地域

　ギリシャ神話では、アポロンの愛を逃れようと妖精ダフネが変身したのがゲッケイジュ。アポロンはその愛の記念に、以後つねに月桂冠をつけたという。古代ギリシャではスポーツ競技は神、特にアポロンに捧げるものだったため、競技の勝利者の頭上には月桂冠を飾ることとなった。勝者をたたえて。

1、特徴
　開花期4月、結実期10月。実は雌株につく。葉は香辛料になる。生長はやや早い。

2、植えるときの注意
　時期　5〜6月
　場所　寒風の当たらない、温暖な半日陰の場所がよい。土質はあまり選ばないが、肥沃な土がよい。

3、管理のポイント
　暖地に適すので、関東以北では防寒に注意が必要。

サルスベリ
イチイ

イチイ

常緑針葉樹・高木・陰樹・雌雄異株
開花期3〜4月・結実期9〜11月
植える時期3〜5月

たのしみ　　地域

「一位」の名そのものが、優勝や勝利を意味してぴったりの記念樹。

キンモクセイ

常緑広葉樹・小高木・中庸樹・雌雄異株
開花期9〜10月・結実期翌5月
植える時期3月・6月・9月

たのしみ　　地域

金賞にはキンモクセイ、銀賞にはギンモクセイとしたらどうだろうか。その素晴らしい香りによって、毎年、勝利を思い出すことができる。

ヒノキ

常緑針葉樹・高木・中庸樹
開花期3〜4月・結実期10月
植える時期3〜4月・9〜10月

たのしみ　　地域

ヒノキのヒは「火・日」、すなわち天の第一をあらわす。勝利の記念にふさわしい。

サルスベリ

落葉広葉樹・高木・陽樹
開花期7〜10月・結実期11月
植える時期11〜12月・2〜3月

たのしみ　　地域

真夏に花開く数少ない花木。灼熱（しゃくねつ）の太陽のもと絢爛（けんらん）豪華に、しかも100日余、長期にわたって咲き続ける姿は、勝者をあらわすにふさわしい。

さあ植えてみよう

植樹の基礎知識

樹木の種類と選び方

　樹木には、1年を通して緑の葉をつけている常緑樹と、冬に葉を落とす落葉樹があり、幅の広い葉をつけている広葉樹と、幅のせまい葉をつけている針葉樹がある。そして、高く生長する高木と、高くならない低木と、人の背たけより少し高い小高木とがある。

　記念樹を植える場所が、校庭や広場など広くとれる場合は高木を、せまい庭や鉢植えなどの場合は、低木または園芸用に小型化された品種がよい。樹木には観賞上、花や実の美しいもの、樹形や枝葉の美しいものなどがある。果実を主として観賞する花木の中には、アオキのように雌雄異株のものもあるから、このような樹種は果実をつける雌株にする。これらの木の中から、周囲の環境に適した、記念樹にふさわしいものを選ぶ。

植える時期

　本文中の月の表示は、単に心づもりのための目安であり、植える地域によって違う。一般的な目安は次の通りである。
落葉広葉樹…秋に落葉してから、翌春に新芽が伸び始める前までの、厳冬期を除いた期間。
常緑広葉樹…降雪や霜がなくなり、新芽の出る前の春か、新葉が固まった梅雨期。
針葉樹　　…新芽が伸びる前の春。

植える場所

　周囲の建物や木との間隔を十分とり、陽樹は日当たりのよい場所に、陰樹は半日陰の場所に、中庸樹は一日に3時間以上は日が当たる場所に植える。土壌は、適湿で排水がよく肥沃な所がよい。乾燥地や低湿地、造成地などで土が固結している所では生育が悪いので、土壌改良をしてから植える。

苗木の選び方

苗木のよしあしは生長や開花に影響があるので、品質のよいものを選ぶことが大切。まず一見して、枝や葉の色つやがよく、元気のよい苗木を選ぶこと。

よい苗木の特徴

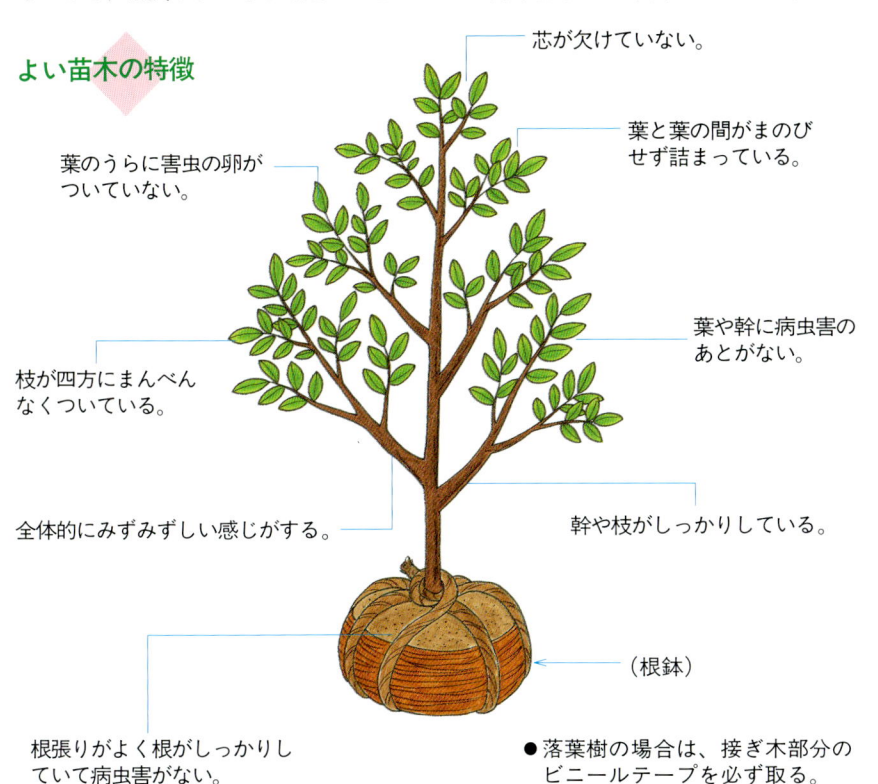

- 芯が欠けていない。
- 葉と葉の間がまのびせず詰まっている。
- 葉のうらに害虫の卵がついていない。
- 葉や幹に病虫害のあとがない。
- 枝が四方にまんべんなくついている。
- 幹や枝がしっかりしている。
- 全体的にみずみずしい感じがする。
- （根鉢）
- 根張りがよく根がしっかりしていて病虫害がない。

● 落葉樹の場合は、接ぎ木部分のビニールテープを必ず取る。

鉢植えの植え方（一例）

① 小～中粒の赤玉土、川砂、腐葉土を５：３：２の割合で混ぜた混合土と鉢を用意する。

② 鉢穴を貝殻などでふさぎ、鉢底に粗い赤玉土を敷き、化成肥料を少量の混合土と混ぜて入れる。

③ 苗木をおき、根と土のすき間がないように混合土を入れて植え、静かに水をやる。

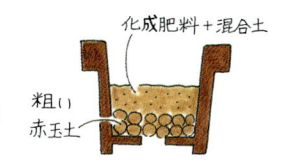

庭植えの植え方（一例）

①根鉢よりも、ひとまわり以上大きい穴を掘る。

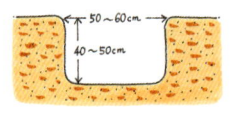

②堆肥、乾燥鶏ふんまたは化成肥料などを入れ、底土とよく混ぜる（元肥）。

③中央が高くなるように土を埋め戻し、苗木を入れてみて、苗の根元と地表面の高さが同じになるように土を調節する。

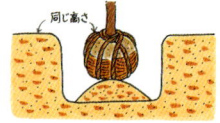

④植える向きを決め、3分の2ほど土を入れる。

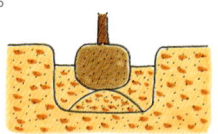

⑤根と土のすき間がなくなるように細い棒でつつき水を十分にかける。

⑥水がひいたら、さらに土を入れ、軽くふみつける。

⑦周りに水が流れないように円形に土を盛り（水輪）、乾燥を防ぐために根元にわらなどを敷く。

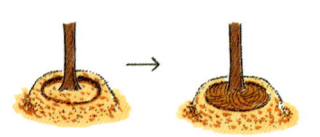

⑧風などで動かないように支柱を立てる。

基本的な維持管理

　記念樹を丈夫に、美しく栽培するための維持管理の基本は、水やり、施肥、せん定、病虫害防除などである。

●水やり

　水やりは、少量の水を毎日与えるよりも、2～3日おきに大量の水をたっぷりと与えるほうがよい。庭植えは特に乾燥しない限り不要である。

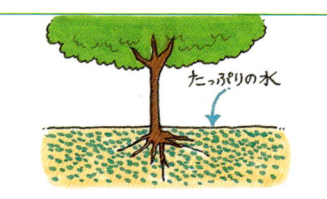

水やりは、早朝あるいは夕方に行う。夏は乾きやすいので特に注意する。
　生育のよい樹木、根が土の表面近くに多くある低木、葉をたくさんつけた樹木などの水を好む樹木には、水やりを多めにする。

●施肥

　樹木の根の先端は、枝張りの先端のほぼ真下くらいにある。そこで、肥料を与えるときには、根元の近くより、枝張りの先端の真下近くにみぞを掘って与えるのが効果的である。みぞの大きさは、幅20～30cm、深さ15～30cmがよい。肥料を与える時期は主に2回で、根の活動が止まっている冬季に与える、元肥や寒肥と呼ばれるものと、生長中に与える追肥、あるいは花後に与えるお礼肥と呼ばれるものがある。

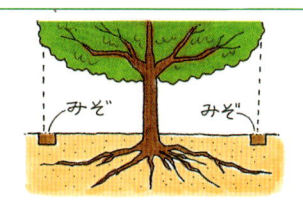

●せん定

　せん定は、樹木の生育をよくし、その木がもっている美しさや特性を引き出すものである。特に花木や果樹の場合は、花や実をよくつけるためのせん定が必要である。

・一般的なせん定
冬季せん定（12～3月）
　落葉樹と針葉樹の場合に樹形をつくるために行う。
　常緑広葉樹の樹形をつくるせん定は、春に暖かくなってから新芽が出る前までに行う。
夏季せん定（6～8月）
　枝葉の伸びが止まった時期に茂りすぎた枝を切り、日当たりや風通しをよくする。
・花木や果樹のせん定
花木　一般には花が咲き終わった直後に枝を切る。
果樹　芽が出る前に花芽のついていない余分な枝を切る。

●病虫害防除

　造成した広場や庭など、不自然な環境の所ほど、病虫害は発生しやすい。病気や害虫の害を防ぐには、発生したものを早く見つけて、すべて取り除くことが最も重要である。

・病害　葉には、うどん粉病、さび病、すす病などの病気がよく出る。ただちに薬剤を散布する。枝や幹に出る枝枯病、胴枯病は、発生前に予防の薬剤を散布する。根や根元につく病気には、紫紋羽病、白紋羽病、ならたけ病などあり、その部分が腐って枯れる。枯れた木は掘り取って、土壌消毒しないとほかの木に伝染する。
・虫害　葉を食害するケムシ、葉や枝について吸汁するアブラムシ、カイガラムシなどは、薬剤を適期に散布して駆除する。幹や枝の中に穴をあけるものには、カミキリムシ、キクイムシ、コウモリガなどがある。これらは産卵の前によく観察・注意し、成虫を捕殺するのがよい。

さくいん （数字は掲載ページ、太字は各行事で大きく取り上げたものを示す）

ア行

アオキ …………………………………27,41
アカシア ………………………………25
アジサイ ………………………………5,17,23
アスナロ ………………………………**18**,37
アセビ …………………………………41
アベリア ………………………………37
イチイ …………………………………**38**,59
イチョウ ………………………………**10**,37,43,55
ウメ ……………………………………**6**,17,23
エンジュ ………………………………5,11,27,29,49

カ行

カイドウ ………………………………53
カエデ …………………………………**30**
カキ ……………………………………**4**,11
カラタチバナ …………………………41
カルミア ………………………………57
キリ ……………………………………13
キンカン ………………………………19,**26**,49,53
キンモクセイ …………………………**8**,31,53,59
クス ……………………………………13,47
クチナシ ………………………………19,**24**
クヌギ …………………………………15
グミ ……………………………………29
ゲッケイジュ …………………………21,**58**
ケヤキ …………………………………**32**,39
コデマリ ………………………………**14**,25
コブシ …………………………………21,47,**54**

サ行

サクラ …………………………………35,**36**,43,53
ザクロ …………………………………11,47
サザンカ ………………………………31,51
サツキ …………………………………**16**,29,51
サルスベリ ……………………………7,59
サンゴジュ ……………………………45
サンショウ ……………………………9
シラカバ ………………………………25
シンジュ ………………………………15,35
ジンチョウゲ …………………………17,31

タ行

スギ ……………………………………**22**,43
センリョウ ……………………………39

タ行

ツツジ …………………………………7,9,41
ツバキ …………………………………9,27,49

ナ行

ナナカマド ……………………………**44**
ナンテン ………………………………5,11,**12**,15,19,29,45
ニシキギ ………………………………21,35,**48**
ネムノキ ………………………………9,49

ハ行

ハギ ……………………………………23,31
バクチノキ ……………………………19,57
ハナミズキ ……………………………35,**50**
バラ ……………………………………25,57
ヒイラギ ………………………………5,45
ヒノキ …………………………………**20**,33,39,43,59
ヒメリンゴ ……………………………23,33,55
ボタン …………………………………**52**,57
ポプラ …………………………………**34**

マ行

マツ ……………………………………13,21,**28**,33,39
マンサク ………………………………37,**46**,55
マンリョウ ……………………………**40**,47
ムラサキシキブ ………………………13,55
モクレン ………………………………**56**
モモ ……………………………………7,15,27,33,45

ヤ行

ユズ ……………………………………17
ユズリハ ………………………………**42**,51

ラ行

ライラック ……………………………7,51